BÔM
BÔM
BÔM

JIF - MILLER

SCÈNES de ménages

LES DÉLICES DE L'AMOUR...

JUNGLE!

M6 ÉDITIONS

Scénario : Jif
Dessin : Éric Miller
Couleurs : Nicaise

ISBN : 978-2-874-42971-2
N° d'édition : L.10EBBN001611.N001

Première édition - Mai 2012

Imprimé en France par **Pollina** - L23412. Dépôt légal : mai 2012 ; D.2012/0053/286

PROVERBE

DE PLUS EN PLUS DE FRANÇAIS ONT RECOURS AU VIAGRA...
ÇA NE TE DIRAIT PAS DE T'Y REMETTRE, TOI ?
?
POUR QUOI FAIRE ?
À TON AVIS...
ÇA NE MARCHERA PAS DE TOUTE FAÇON...
ET POURQUOI ÇA ?
MMH... COMMENT TE DIRE...
IL Y A UN PROVERBE CHINOIS QUI DIT: "QUAND LA FLEUR EST FANÉE, ÇA NE SERT À RIEN DE RÉPARER L'ARROSOIR"...

ENTRETIEN

ALORS, CET ENTRETIEN D'EMBAUCHE ?
GÉNIAL !
C'EST VRAI ?!
OUAIS, ÇA S'EST SUPER-BIEN PASSÉ !
VAS-Y, RACONTE !
D'EMBLÉE, IL ME DEMANDE QUELS SONT SELON MOI MES TROIS PRINCIPAUX DÉFAUTS...
BON ALORS MOI JE DIS: "JE NE SUIS PAS PONCTUELLE, JE SUIS PARESSEUSE, JE NE SUPPORTE PAS QU'ON ME DONNE DES ORDRES"!
NORMAL QUOI, MES DÉFAUTS PRINCIPAUX...
ET LÀ, LE TYPE ME DIT : "ON VOUS RAPPELLERA..."
ILS VONT ME RAPPELER ! C'EST GÉNIAL, NON ?

DÉSORDRE

!
UNE CHAUSSETTE SALE QUI TRAÎNE SUR LE CANAPÉ !... FRANCHEMENT, TU CROIS QUE C'EST SA PLACE ?
PARDON MA CHÉRIE, J'AVAIS PAS VU !
!

PASSE ARRIÈRE

SOUTIEN

HUGUETTE, JE PEUX TE DEMANDER UN SERVICE ?
MMH ?
TU POURRAIS REFAIRE UN GÂTEAU AU YAOURT, COMME LA DERNIÈRE FOIS ?
ENFIN, MONSIEUR RECONNAIT MES QUALITÉS DE CUISINIÈRE...
BEN DISONS QUE LÀ, JE VIENS DE RÉPARER LE MEUBLE DU SALON...
AH ! ET TU AS BESOIN DU GÂTEAU DE TA PETITE HUGUETTE POUR REPRENDRE DES FORCES, HEIN ?
NON, IL ME FAUT UN OBJET TRÈS SOLIDE POUR LE CALER PARCE QU'IL EST BANCAL...
VIEUX CON !

PETIT NOM

TIENS, MA CROCROTTE DE LAPIN, TU ME FAIS PASSER LE SEL ?
!!
MA CROCROTTE DE LAPIN ??! AH BEN, SYMPA !
RHOOO MAIS QU'IL EST SOUPE AU LAIT !
C'EST AFFECTUEUX, C'EST MIGNON TOUT PLEIN !
AH D'ACCORD !
TIENS, MA BOUBOUSE DE VACHE !
AH BEN MERCI ! ET POURQUOI PAS "MON CROTTIN DE CHEVAL" ?
AH ? TU PRÉFÈRES ?
GAILLAC

GUACAMOLE

EEEH...
LILIANE A FAIT DU GUACAMOLE ! OUAIIIS...
MMH !
SLURP
GLUPS
...
!
EUH, LILIANE, JE NE VOUDRAIS PAS TE FAIRE DE PEINE MAIS ENFIN, C'EST QUAND MÊME PAS TERRIBLE...
PAS TERRIBLE ? MA CRÈME DE JOUR ARTISANALE BIO ? AU PRIX OÙ JE L'AI PAYÉE, ÇA M'ÉTONNERAIT...
GLOUPS

SCHMUF SCHMUF
DIS, EMMA !...
CHLOÉ FAIT DE DRÔLES DE PETITS BRUITS EN DORMANT... GENRE SCHMUF SCHMUF !...
QUOI ?? ATTENDS, C'EST PLUTÔT SCHMUF OU SCHMOUF SCHMOUF ?
EUH... SCHMUF SCHMUF...
TU ES SÛR DE TOI ?? NON PARCE QUE C'EST HYPER-IMPORTANT...
PARCE QUE SCHMUF SCHMUF, C'EST UN SIGNE DE CHOLÉRA, ALORS QUE SCHMOUF SCHMOUF C'EST PLUTÔT LA PESTE BUBONIQUE...
AH D'ACCORD, TU TE FOUS DE MOI, C'EST ÇA ? TRÈS DRÔLE...
TU RIRAS MOINS QUAND ELLE AURA LA PESTE POUR DE VRAI...

À L'ATTAQUE

AAAH...
?
AAAH... LE... LE COEUR !!
RAYMOND !
J'APPELLE LES URGENCES !!
AAARGH... MON BRAS GAUCHE !
C'EST DE PLUS EN PLUS SORDIDE TES MÉTHODES POUR AVOIR LA TÉLÉCOMMANDE !

CHARLOTTE

NON MAIS DIS DONC, C'EST QUI CETTE CHARLOTTE DANS TES AMIS ?!!
AH, ELLE ! ON ÉTAIT À LA FAC ENSEMBLE, JE LA CONNAIS À PEINE...
MAIS OUI, BIEN SÛR, UNE BRUNE PULPEUSE AUX YEUX BLEUS QUE TU CONNAIS À PEINE...
?
TU TE FOUS DE MOI ?
NON MAIS REGARDE-MOI CETTE ALLUMEUSE LÀ, AVEC SA TRONCHE DE STARLETTE... ET PUIS CE QU'ELLE ÉCRIT SUR SON MUR, JE LE CROIS PAS, C'EST VRAIMENT PÉTASSE Nº1 CELLE-LÀ... RIEN DANS LE CRÂNE, TOUT DANS LE SILICONE !
MAIS NON, TU VOIS BIEN QUE C'EST UN AVATAR, SA VRAIE PHOTO, ELLE EST LÀ...
LA PETITE GROSSE LÀ ?
AH AH AH, QUEL HUMOUR, CETTE CHARLOTTE... ELLE A L'AIR SUPER-SYMPA CETTE FILLE...

TOUJOURS PAREIL

LA VIE D'ARTISTE

C'EST LA FÊTE

QU'EST-CE QUE T'AS À ME REGARDER COMME ÇA ?
TU N'AS PAS OUBLIÉ QUELQUE CHOSE ?
COMME QUOI ?
COMME ME SOUHAITER **BONNE FÊTE** PAR EXEMPLE...
?
AUJOURD'HUI C'EST LA **SAINT-VALENTIN** !...
ET ALORS ? DEPUIS QUAND TU T'APPELLES **VALENTIN** ?

FERMETÉ
NON… NON… DÉSOLÉE, NOUS NE SOMMES PAS INTÉRESSÉS… NON… MAIS…
RHAAA, ENCORE CES COUPS DE FIL COMMERCIAUX Y EN A MARRE !
BON, ÉCOUTE, PASSE-LES-MOI, SINON TU VAS Y RESTER TROIS PLOMBES…
JE VAIS T'EXPÉDIER ÇA EN DEUX SECONDES, MOI !
OUI, BONJOUR… NON, NOUS NE SOMMES PAS INTÉR… NON… NON… OUI MAIS…
NON, ÇA N'EST PAS LE PROBL… NON, BIEN SÛR MAIS… MH… NON… M…
MMH… NON MAIS… MMH… BON…
OUI, AU REVOIR !
EH EH, RENDEZ-VOUS DEMAIN À 15 HEURES, C'EST PAS DE L'EFFICACITÉ ÇA ?
!

TATOO COMPRIS

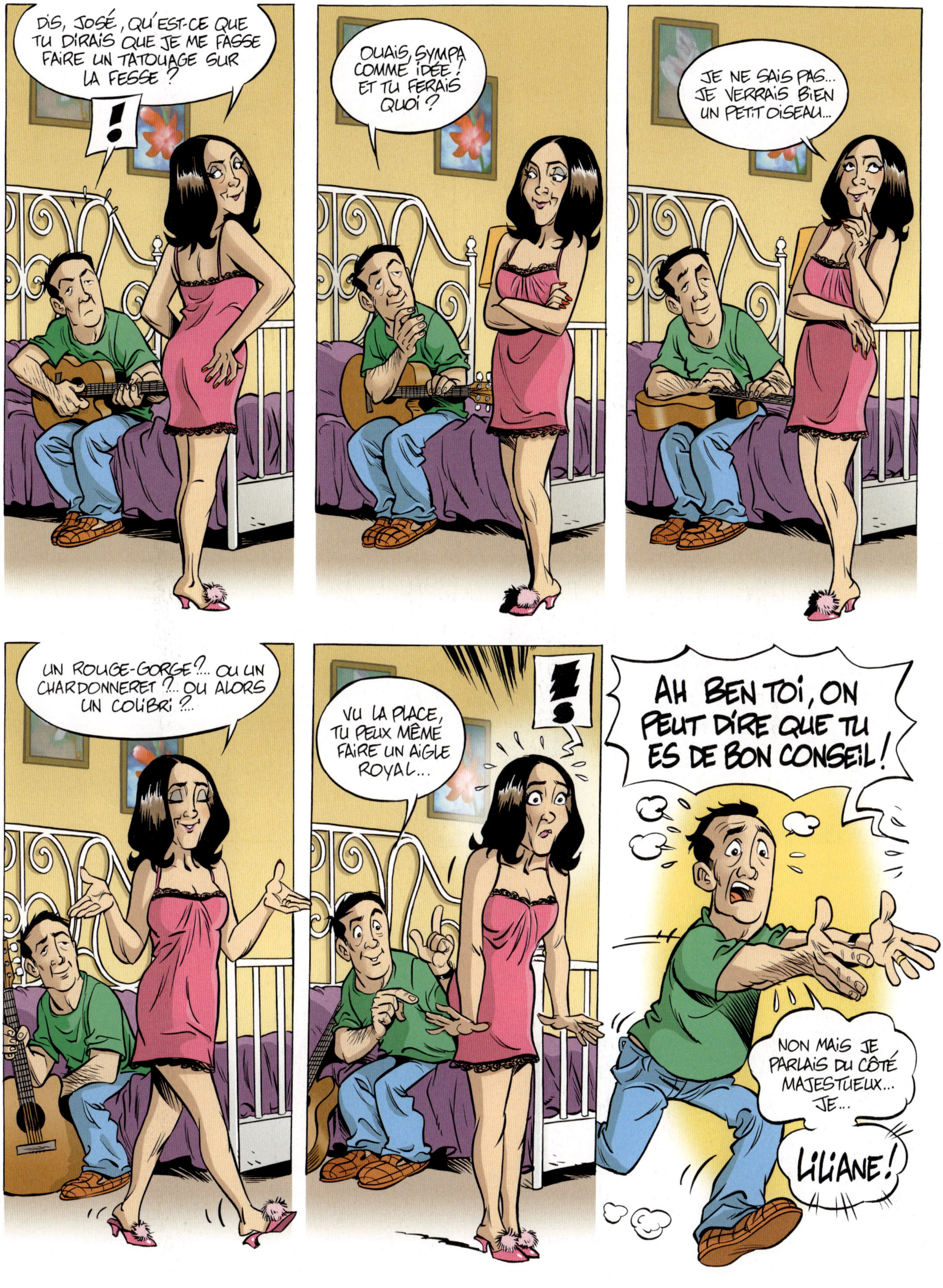

BABY TALK

BÉBÉ MAG
DOSSIER: LE STRESS DU PÈRE
AH, JE L'ENTENDS GAZOUILLER... ELLE SE RÉVEILLE !
GAZOU
!
PA... PA...
MAIS... JE NE RÊVE PAS... ELLE DIT "PAPA" !
PA... PA...
PA... PA... VAI... SELLE... Ā... FAI... RE...
ET PLUS VITE QUE ÇA !
TRÈS DRÔLE !

SIMULATION
DIS-MOI, HUGUETTE, TU AS DÉJÀ SIMULÉ AVEC MOI ?
?
MMH... VOYONS, QUE JE ME SOUVIENNE...
UNE FOIS... MMH... DEUX FOIS... MMH...
DEUX FOIS, OUI, PAS PLUS, JE CROIS...
OUI, C'EST ÇA, IL N'Y A QUE DEUX FOIS OÙ JE N'AI PAS SIMULÉ !

BRUCE

PFUU PFUU PFUU
OUAIS, VAS-Y BRUCE, C'EST BON ÇA, ALLEZ BRUCE, ENCORE DIX...
PFUU PFUU
?
"BRUCE" ?.. QUI C'EST ÇA ?
HEIN ?
C'EST PERSONNE...
MAIS SI, TU DISAIS "BRUCE..."
BON, ÇA VA, JE M'APPELLE "BRUCE" EN RÉFÉRENCE À BRUCE WILLIS, POUR ME DONNER DU COURAGE... VOILÀ, T'ES CONTENTE ?
HI HI HI
... OUAIS BON, ÇA VA...
AH AH AH AH AH AH AH !
AH LA LA, "ANGELINA", QU'EST-CE QUE TU FAIS AVEC UN FOU PAREIL ?

BINGO

LILIANE ! LILIANE !
?!
J'AI GAGNÉ AU LOTO SPORTIF !
C'EST PAS VRAI ?
GAGNÉ
BEN OUAIS, MAIS QU'EST-CE QUE TU VEUX, LE FLAIR, LILIANE, LE FLAIR...
OOOH, TU SAIS, JE N'AI AUCUN MÉRITE, C'EST UN DOMAINE QUE JE MAÎTRISE TELLEMENT...
ÇA VEUT DIRE QUE JE PEUX ALLER FAIRE LES BOUTIQUES AUJOURD'HUI ?
TOUT EST POUR TOI, MA CHÉRIE, CADEAU, TU PEUX FAIRE CE QUE TU VEUX DE CES 3,75 EUROS !

MAUVAISES ONDES

LA MAîTRESSE

SOLDES
ALORS, C'ÉTAIT BIEN CES SOLDES ?
SUPER, J'AI FAIT UN TAS D'AFFAIRES...
SOLDES
SOLDES
CE PANTALON À 30%...
CELUI-LÀ À 50%...
CETTE CHEMISE, 20%...
CE PULL, 50%...
MAIS...
JE CROYAIS QUE TU DEVAIS T'OCCUPER DE RANGER LA VAISSELLE...
LA SEULE CHOSE QUE TU DEVAIS FAIRE...
HEM... OUI MAIS... C'EST LES SOLDES HEIN, J'EN AI RANGÉ 30% !...

HELL'S KILLER FIGHTER III

TRANSMISSION
VROOOOUUM LÀ, TU VOIS, C'EST L'AMORTISSEUR AVANT...
ET LÀ, C'EST L'EMBRAYAGE...
??? TU FAIS QUOI LÀ ??
... BEN COMME LES PASSIONS SE TRANSMETTENT TRÈS TÔT...
... JE ME DISAIS QUE CE SERAIT BIEN QU'ELLE AIME LE MOTO CROSS COMME MOI...
NON MAIS ÇA VA PAS ? TU VAS LA LAISSER GRANDIR TRANQUILLEMENT, OUI ?
ÇA, TU VOIS, C'EST UNE SCIE SAUTEUSE DE 530 W QUI DISPOSE D'UN VARIATEUR DE VITESSES POUR UNE AMORCE PROGRESSIVE DU SCIAGE ; ELLE EST AUSSI DOTÉE D'UN PARE-ÉCLAT ET D'UNE FONCTION SOUFFLERIE.

PROGRAMME

PFFF...
QU'EST-CE QUI T'ARRIVE ENCORE ?
JE M'EMMERDE !
SI TU VEUX, ON PEUT SORTIR ALLER BOIRE UN CAFÉ, MARCHER UN PEU...
PUIS ON IRA FAIRE LES BOUTIQUES BRAS DESSUS, BRAS DESSOUS, EN AMOUREUX...
ÇA TE DIT ?
MERCI, MA CHÉRIE !
NON, MAIS GRÂCE À TOI, JE SUIS CONTENT DE M'EMMERDER !

LA SORTIE

FRANCHEMENT, JOSÉ, MERCI POUR CETTE SOIRÉE...
BEN QUOI ?
TU M'ENQUIQUINES, TU NE SAIS PAS TE TENIR !
MOI ?
POUR UNE FOIS QUE DES AMIS NOUS INVITENT À ALLER VOIR UN CONCERT, IL FAUT QUE TU TE FASSES REMARQUER...
BEN, QUOI, C'ÉTAIT BIEN NON ?
OUI, POUR TOI SÛREMENT...
JE NE VOIS PAS CE QU'IL Y A DE MAL À SE LEVER POUR CHANTER ET DANSER QUAND ON RECONNAÎT UN MORCEAU DU GROUPE !
PAS DANS UN CONCERT DE MUSIQUE CLASSIQUE, JOSÉ...
RHOOO!

MORPHING

J'AI UNE SUPER-APPLICATION SUR MON PORTABLE... ATTENDS, JE TE PRENDS EN PHOTO...
CLIC
!
PUIS JE T'AJOUTE DES CHEVEUX... TIENS, CETTE COUPE, LÀ...
AH AH ! LE JACKSON FIVE !
TIENS ET J'AJOUTE UNE BARBE... AH AH AH AH
AH AH AH ! VILLAGE PEOPLE !
AH AH AH À TOI MAINTENANT...
CLIC
MOI JE SUIS GENTIL, JE VAIS TE RENDRE BELLE...
NON MAIS MARIOOON... C'EST PAS CE QUE JE VOULAIS DIRE !!!

À QUOI ÇA RIME ?

DUR...

MMH... JE ME TAPERAIS BIEN UN PETIT MORCEAU DE CAMEMBERT MOI. TIENS...
MAIS... OÙ IL EST ? NE ME DIS PAS QUE...
HUGUETTE !!!
C'EST TOI QUI AS ENCORE MIS MON CAMEMBERT AU FRIGO ?
C'EST QUOI LE PROBLÈME ?
MAIS APRÈS, IL EST TOUT DUR !!!
AH BEN TIENS, TU VEUX PAS Y ALLER TOI AUSSI DANS LE FRIGO ?...
ÇA CHANGERAIT UN PEU...

TOUT SERVICE
APPELER UN PLOMBIER ?
?
BEN OUI, LE LAVABO EST BOUCHÉ !...
AH AH AH, ET TU APPELLES UN PLOMBIER POUR ÇA ? MAIS JE VAIS M'EN OCCUPER MOI...
TOI ?
AH AH AH, UN PLOMBIER...
QU'EST-CE QU'IL FAUT PAS ENTENDRE...
CLING
KLONK
BING
BLING
CHTONG
OUILLE
AÏE
TIENS, EN PLUS DU PLOMBIER, SI TU PEUX AUSSI APPELER UN MENUISIER, J'AI CASSÉ LE MEUBLE DE SALLE DE BAINS...

ÉTAT DES LIEUX

MOUSTACHE
!
QU'EST-CE QUE TU AS À ME REGARDER COMME ÇA ?
JE T'IMAGINAIS SANS MOUSTACHE... ÇA T'IRAIT PAS MAL... TU NE VOUDRAIS PAS LA RASER POUR VOIR ?
RASER MA MOUSTACHE ?! NON MAIS ÇA VA PAS ?!
SACHE QUE, CHEZ UN HOMME, SA MOUSTACHE C'EST SA VIRILITÉ !
AAAH C'EST DONC LÀ QU'ELLE ÉTAIT DEPUIS TOUTES CES ANNÉES !

LE SENS DE L'OBSERVATION

ET QUI C'EST ?

ET QUI C'EST QUI VA FAIRE UN GROS DODO ? ET QUI C'EST ?
ET QUI C'EST QUI VA FAIRE DES JOLIES RÊVES ? ET QUI C'EST ?
ET VOILÀ, TROP FACILE DE L'ENDORMIR... ALORS, ÉPATÉE ?
OUIIN OUIIN
ET QUI C'EST QUI A DES MÉTHODES À DEUX BALLES ? ET QUI C'EST ?
OUIIN OUIIN

TZING
MAIS ELLES SONT MALADES, ELLES VONT S'ENTRE-TUER !
AH AH AH
NON MAIS REGARDE-MOI CES HYSTÉRIQUES, ELLES SONT PRÊTES À SE TAPER DESSUS !
AH AH AH
QUEL DOMMAGE QUE MARION SOIT À SON ENTRETIEN D'EMBAUCHE ET QU'ELLE NE SOIT PAS LÀ POUR VOIR ÇA...
HI HI HI
AH, ELLE RENTRE TOUT JUSTE... MARIOOON, VIIITE, VIENS VOIR !
QUOI ?
UN SUJET SUR LE PREMIER JOUR DES SOLDES AUJOURD'HUI... VIENS VOIR CETTE BANDE DE TARÉES...
SOLDES

JOYEUX NOËL

JOYEUX NOËL, MON CHÉRI !
JOYEUX NOËL !
JE ME DEMANDE BIEN CE QUE ÇA PEUT ÊTRE...
ET MOI DONC !...
OOOH, UN FOULARD !
OOOH, ÇA ALORS, UN PULL !
MERCI, RIEN NE POUVAIT ME FAIRE PLUS PLAISIR !
MOI AUSSI, JE SUIS VRAIMENT COMBLÉ !
ALLEZ, C'EST BON, TU PEUX ME LE RENDRE !
TIENS !
JE REMBALLE TOUT ÇA ET HOP, DANS LE TIROIR POUR LE NOËL DE L'AN PROCHAIN !
VOILÀ, NOËL C'EST FAIT !

MON BEAU MIROIR

SOIRÉE PIZZA

LA VIE DE COUPLE
ÇA TE DÉRANGE Si JE REGARDE MA SÉRIE CE SOIR?
NON NON...
PENDANT CE TEMPS, JE VAiS PRÉPARER UN BON PETiT REPAS...
TiENS, NE BOUGE PAS, JE TE L'APPORTE...
MERCi.
ALORS?
MMH... PAS MAUVAiS DU TOUT...
JE VAiS TE PRÉPARER UNE PETiTE TiSANE...
SMACK
MERCi, MON CHÉRi!
AAAH! QUEL HORRiBLE CAUCHEMAR!...
!?

LA FIBRE CULTURELLE

NATUREL
MMH, BIEN DORMI, MOI...
ALLEZ, UNE LÉGÈRE TOUCHE DE MAQUILLAGE ET C'EST PARTI...
QUOIQUE... FINALEMENT C'EST BEAU AUSSI UNE FEMME AU NATUREL...
PAS BESOIN DE TOUS CES ARTIFICES...
AAAAAAH!
!?
AH NON, C'EST TOI... LA PEUR DE MA VIE...

ANNONCES

TIENS ET CELLE-LÀ : "ÉTUDIANTE EN DROIT, SÉRIEUSE, CHERCHE GARDE ENFANTS"
MMH... POURQUOI ELLE PRÉCISE "SÉRIEUSE", C'EST SUPER-SUSPECT ÇA... SI ELLE N'AVAIT RIEN À SE REPROCHER, ELLE NE PRÉCISERAIT PAS "SÉRIEUSE" !..
BON ET CELLE-LÀ : "GARDE ENFANTS CHEZ MOI, RÉFÉRENCES SÉRIEUSES"...
AH AH AH, MAIS OUI, BIEN SÛR, "CHEZ ELLE", COMME ÇA, ELLE EST SÛRE QUE PERSONNE NE PEUT LA SURVEILLER !
ATTENDS, FABIEN, TU EXAGÈRES ! À CAUSE DE TA PARANO, ON VA FINIR PAR NE PAS TROUVER DE NOUNOU POUR CHLOÉ !
MOI, PARANO ?!! C'EST QUAND MÊME PAS MA FAUTE SI TOUS LES SERIAL KILLERS DE LA RÉGION SE FONT PASSER POUR DES NOUNOUS !!!
C'EST LA MEILLEURE, CELLE-LÀ !

PROGRAMME VACANCES

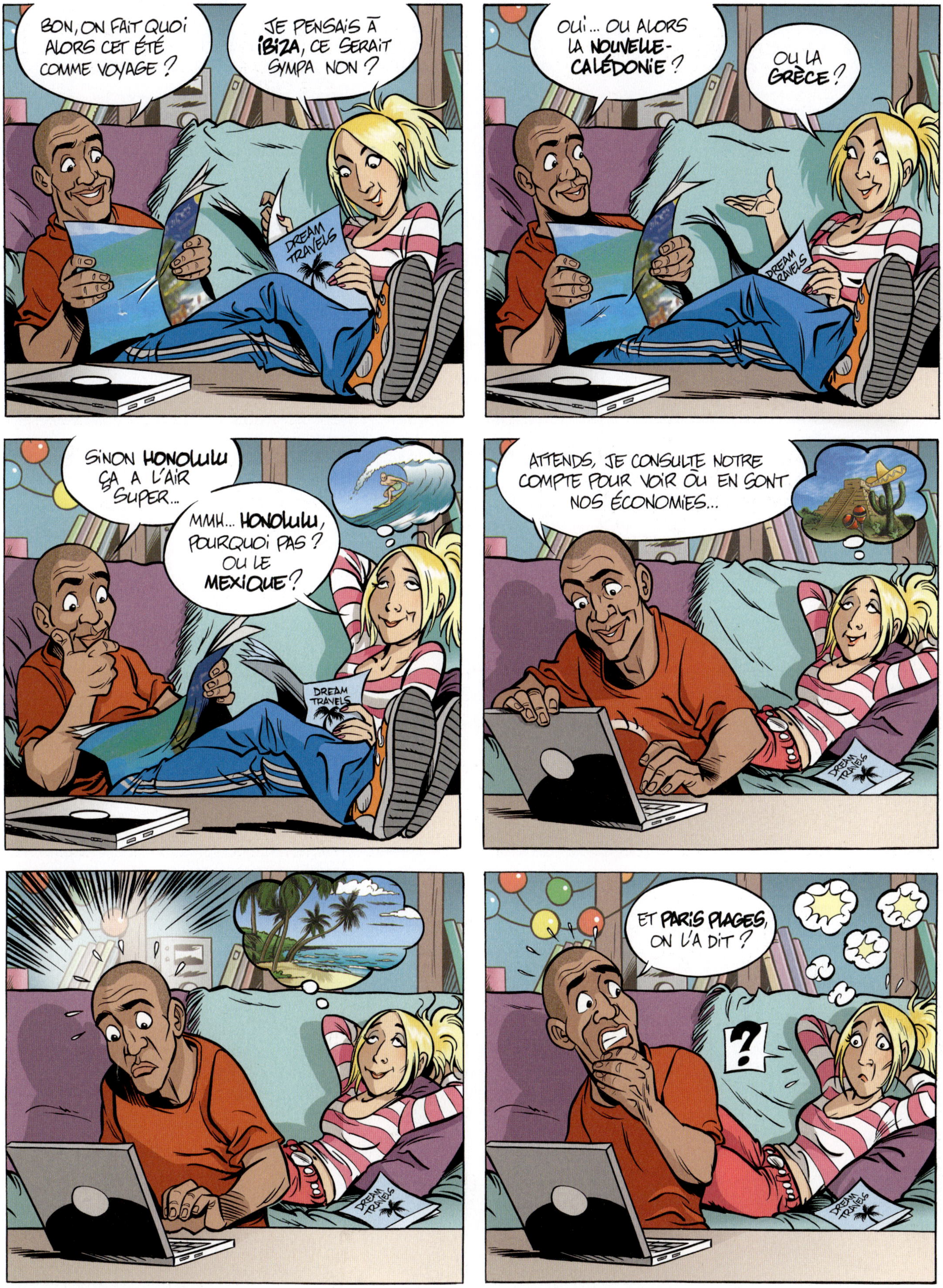

EURÊKAPSULEUR

SCÈNES de ménages
SAISON 5
La nouvelle saison de la série phénomène M6 est de retour !
SAISON 5
SCÈNES de ménages
SAISON 5
Le meilleur du pire de la vie de couple !
5 DVD
Komakino NOON - M6 STUDIO / 2012. Tous droits réservés.
Toujours disponibles !

BÉBÉ MAG
DOSSIER: LE STRESS DU PÈRE
SOLDES